7 Enkle Råd

(og lidt flere)
- til at få det bedre

Af samme forfatter

Terapifortællinger (2024)
Som simple advice
- to feel better (Amazon 2024)

Henriette Hagild

7 Enkle råd

(og lidt flere)
- til at få det bedre

Inspiration og øvelser

www.henriettehagild.dk

7 enkle råd
(og lidt flere)
- til at få det bedre

2. udgave, 1. oplag 2024
Bogen er sat med Times New Roman
Forlag: BoD • Books on Demand GmbH, In de Tarpen 42, 22848 Norderstedt, Tyskland
Tryk: Libri Plureos GmbH, Friedensallee 273, 22763 Hamborg, Tyskland
ISBN: 978-87-4305-928-8

Enkle råd
- til at få det bedre.

”Dagen startede med regn. Det var mandag morgen og i radioen fortalte den entusiastiske meteorolog, at vi ikke skulle forvente at se solen resten af ugen – måske en enkelt dag sidst på ugen. ”Puha”, tænkte jeg, ”det bliver en hård uge!”

Om aftenen var jeg træt og gik tidligt i seng, men vågnede om natten og lå så dér i sengen et par timer, og tænkte på de områder i mit liv, der ikke fungerede optimalt.

Når jeg tænkte mig om, når jeg tog mig sammen og mindede mig selv om, at jeg var voksen og burde kunne leve det gode liv – ja så vældede nedtryktheden ind over mig.

Jeg kæmpede med en klump i halsen, jeg tog mig sammen og var voksen, men inderst inde følte jeg mig lille og ensom, og havde kun brug for omsorg og ro”.

Kender du det?

Har du nogensinde følt, at livet var uoverskueligt, og at du ikke kunne gennemskue, hvordan søren, du skulle tackle det? Du orkede ikke at arbejde med det hos en professionel, og så besluttede du dig for at tage dig sammen, blot for at erfare, at inderst inde forandrede intet sig.

"Tag dig nu sammen", dur ikke – der skal noget andet til!

Gode råd - Enkle råd

Her får du nogle gode råd, som kan gøre en forskel. Det er enkle principper, som kan give dig ro og overskud i en periode af dit liv, hvor du har brug for at gøre noget andet.

Det er rigtig godt, hvis du kan integrere de enkle principper i din hverdag og leve med dem. Og ellers kan du blot tage denne lille bog frem, når du trænger til at tænke over, hvordan du lever dit liv.

Livshjulet

Jeg vil anbefale dig at starte med at udfylde livshjulet på næste side, inden du læser videre.

Livshjulet er et meget enkelt værktøj til at skabe overblik over, hvordan du oplever dit liv – lige nu. Når vi i en periode er mindre tilfredse med livet, kan vi have en tendens til at tænke og tro, at det er hele livet, der skal ændres.

Når vi arbejder med Livshjulet får vi et overblik over, hvilke områder, der faktisk fungerer fint og hvilke, der skal justeres på.

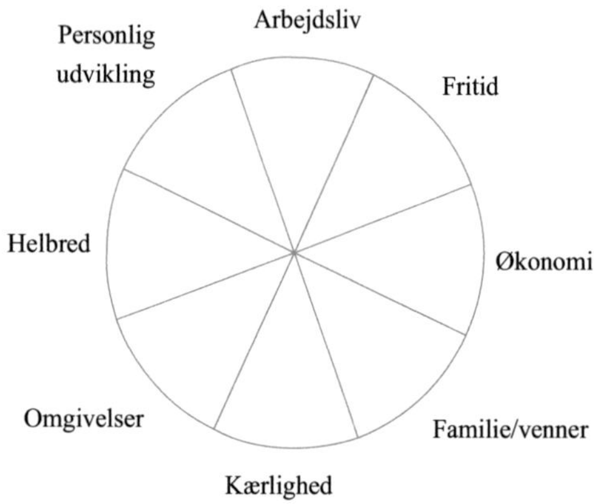
Personlig
udvikling
Arbejdsliv
Fritid
Helbred
Økonomi
Omgivelser
Familie/venner
Kærlighed

Figur 1

Som du kan se på figur 1, er Livshjulet inddelt i 8 områder: arbejdsliv, fritid, økonomi, familie/venner, kærlighed, omgivelser, helbred og personlig udvikling.

Tag et stykke papir og tegn dit eget livshjul, som du kan gemme og sammenligne, næste gang du vælger at tegne et nyt livshjul.

For hvert område spørger du dig selv: ”på en skala fra 1-10, hvor tilfreds er jeg med dette område?”

Herefter markerer du resultatet i figuren, og når du har været igennem alle områder, har du et godt overblik over, hvilke områder du med fordel kan vælge at fokusere på, når du arbejder med denne bog.

På den måde, får du et godt overblik over din personlige udvikling og et bevis på, at du faktisk er i stand til at forandre dét, der ikke ”virker”.

Du er ok – det er ok!

Det er vigtigt at huske på, at ligegyldig hvordan du har det, er det ok. Du er ikke forkert, du er ikke et dårligere menneske eller værdiløs, dit liv er ikke spildt, fordi du føler, som du gør. Du er et menneske – og du må gerne have det, som du har det. Det er ok!

Vær venlig over for dig selv og accepter, at alle mennesker har dårlige og gode sider også dig. Det er en del af det at være menneske.
Følelserne er ok. Det er, hvad du vælger at gøre ved dem, der har betydning.

Du er ok – det er ok! - egne noter

7 ting, der er ok – ved mig selv!

-
-
-
-
-
-
-

Beslut dig for forandring

Du er ok – det er ok, men det betyder ikke, at du skal forblive i ”nedtrykt sindstilstand”.

Du kan søge hjælp hos en professionel, og du kan gøre nogle ting selv. Og uanset hvad du gør, skal du beslutte dig for det, og du skal beslutte dig for, at du vil gå 100 % ind for forandring og for at få det bedre.
Det er dit liv, og det er dit ansvar, og kun du kan forandre det.

Så tænk over plusser og minusser ved at have det, som du har det lige nu. Måske tænker du, at der ikke er nogle plusser ved at have det sådan her, men jeg ved, at det er der.

Måske er der et eller andet, du skal lære? Måske er der et område i dit liv, du skal blive klogere på?

Brug lidt tid på at tænke over plusserne.

Og sæt dig så ned og skriv. Kan du ikke finde på noget at skrive, så start med at skrive, hvad du tænker på, hvad du ser omkring dig, skriv evt. ”jeg ved ikke, hvad jeg skal skrive nu”, skriv et eller andet - bare skriv, og når du har skrevet dig varm, kan du gå i gang med øvelsen.

Måske tager det 5 minutters skriveopvarmning, eller måske tager det flere dage - det er alt sammen ok!

Beslut dig for forandringer - egne noter

7 områder jeg gerne vil tage fat på nu

-
-
-
-
-
-
-

Beslut dig for forandringer - egne noter (fortsat)

I morgen vil jeg starte med at forandre

-
-
-

Bevæg dig 20 minutter om dagen

Når man i en periode har meget aktiv tankevirksomhed, føler sig lettere nedtrykt eller frustreret, er 20 minutters let daglig motion fantastisk!

For det første bryder det rutinen, og i stedet for at sidde i sofaen og være ked af det, kommer man ud og oplever noget andet.

Let motion ventilerer kroppen og hjernen. Det er ok at blive lidt forpustet som ved hurtig gang, men du skal kunne føre en samtale.

Måske er 20 minutter for meget – det vigtigste er, at du får dig rørt. Måske er du ikke lige i form – gå en tur i godt tempo og kig på naturen omkring dig.

Motion - egne noter

Motionstyper, jeg holder af

-
-
-
-
-

Jeg vil sikre mig 20 minutters motion – blød eller hård – hver dag ved at:

-
-
-
-
-

Søvn - prioriter gode sovevaner

Søvn er hvile, og det er under søvnen, at kroppen og psyken genoplader. Derfor er det vigtigt, at du sover godt. Der er bred enighed om, at børn har godt af faste sengetider og mindst 8 timers søvn.

Og det gælder også for dig, der lige nu har brug for at tage vare på dig selv. Søvnen skal tages alvorligt.

Her er et par basisregler:

- fast sengetid *hver dag*
- mindst 8 timers søvn *hver dag*
- "luk ned" 1 time før du går i seng – altså ingen distraktion i form af tv, computer, spil
- undgå kaffe, sort te, cola ol. efter klokken 15 – det bliver i kroppen længe og påvirker din søvn
- Sov i mørke og i stilhed – så vidt muligt

Kan du alligevel ikke sove, skal du lade være med at ligge og vende dig i sengen. Stå i stedet op, tøm hovedet ved at skrive dine tanker ned og gå i seng igen, når du er afslappet og klar til at sove.

Tip: En hjerneforskers tip til at falde i søvn, er at du kan tænke på en af dine barndomsvenners hjem og prøve at genkalde dig, hvordan det var indrettet. Det virker!

Søvn - egne noter

Hvad kan jeg forbedre ved mine sovevaner?

-
-
-
-
-

Hvornår er min optimale sengetid?

-

Søvn - egne noter (fortsat)

Hvordan bruger jeg bedst den sidste time inden, jeg skal sove?

Sæt dig ned og vær!

Også kaldet meditation.
Hvis du ikke er vant til at meditere, kan det virke uoverskueligt at gå i gang med at lære. Men det behøver ikke at være svært.

Sæt dig ned et roligt sted, hvor du i 10 – 15 minutter ikke vil blive forstyrret. Du skal sidde, ikke ligge, for når du ligger ned og er træt, vil du sikkert falde i søvn.

Sluk telefonen, sluk radioen, luk øjnene og lad tankerne flyve. Du skal ikke noget, du skal ikke tænke på noget bestemt – lad opmærksomheden søge derhen, hvor den vil, og lad den være.

Sid helt roligt i den tid, du har sat af, og når tiden er gået, kan du klappe dig selv venligt på skulderen og takke dig for, at du gav dig tid!

Sæt dig ned og vær - egne noter

Her kan du notere, hvordan det går med at meditere.

Smil

Også selvom du måske ikke lige synes, der er noget at smile af. Smil smitter, og det er bare én god grund til at smile. Når du smiler, producerer hjernen blandt andet dopamin, som er et af de stoffer, der gør os glade, og det er jo en anden, og rigtig god grund til at smile.

En forsøg har vist, at opfattelsen af en trist tekst afhang af, om læseren holdt en blyant mellem tænderne eller ej. En gruppe studerende læste en tekst med en blyant mellem tænderne, som simulerede et smil, en anden gruppe læste den samme tekst uden. Den første gruppe opfattede teksten mere positivt end gruppe to, også selvom smilet ikke var umiddelbart og ægte.

Så, træk vejret dybt 3 gange og smil – ikke overdrevet, blot et fint og naturligt smil, hvor du trækker mundvigene opad, og mærk efter om ikke det har en effekt på dit humør – det burde det have. ☺

Smil - egne noter

10 ting, der får mig til at smile

-
-
-
-
-
-
-
-
-
-

Slap af og hold fri

Når man føler sig nedtrykt eller stresset, er det meget nærliggende at sygemelde sig. Og nogle gange er det den rette løsning.

Men hvis det ikke er jobbet, der presser, men derimod livet som helhed, der opleves svært, er det ikke altid en god idé at sygemelde sig fra jobbet. Arbejdspladsen kan være det fristed, hvor man sætter nedtryktheden på pause og fokuserer på en bestemt opgave.

I stedet skal man sørge for at holde fri fra alt det, der optager tiden, når man har fri. Prioriter og gør kun dét, du har lyst til.

Vær sammen med mennesker, der giver dig glæde, og som kan rumme dig og din situation, eller vær alene. Deltag kun i aktiviteter, du har lyst til – vælg alt andet fra.

Frihed og ansvar er tæt forbundne. Du giver dig selv friheden til at vælge, når du tager ansvar for din situation og prioriterer dig selv og din tid.

Prøv at melde fra til en aktivitet, et møde eller et socialt arrangement, du egentlig ikke har lyst til at deltage i, og, når det skulle have fundet sted, så sæt dig ned og nyd dit valg og friheden i selv at bestemme og mærk efter, hvordan det føles at være herre i eget hus.

Slap af og hold fri - egne noter

3 måder jeg ved, jeg slapper af på

-
-
-

3 steder jeg slapper af

-
-
-

3 mennesker jeg slapper af sammen med

-
-
-

Gå en langsom tur

Når du har fundet værdien i at sige nej og aflyse aftaler, du ikke rigtig har lyst eller overskud til, skulle du prøve at gå en langsom tur.

Det er ikke nyt, at det er værdifuldt at være nærværende i dét, vi gør, men som så meget andet er det nemmere sagt end gjort.

Spørg dig selv om, hvor vigtigt det er, dét du skynder dig efter.
Det er ikke opmærksomhedstræning eller nærværstræning – det handler helt enkelt bare om at gå langsomt, slentre og bare nyde at gøre det.

Gå en langsom tur med en god ven. En tur, hvor det ikke er motion, der er i fokus, men samvær, smalltalk og slowmotion. Stop op en gang imellem, og nyd roen i kroppen.

Og når du kommer hjem, så mærk den rare følelse i kroppen af at have været sammen med en god ven, uden andet formål end at være sammen.

Når du går en langsom tur, stopper du kroppens indre stress for en stund. Det er svært, hvis ikke umuligt, at være stresset, når man har besluttet sig for at være langsom.

Gå en langsom tur - egne noter

3 personer jeg har lyst til at gå en langsom tur sammen med

-
-
-

Følelser jeg registrerer i kroppen efter en langsom gåtur

-
-
-
-
-

Steder, med ro, hvor jeg ved, jeg slapper af

-
-
-
-
-
-
-
-

Puf til parforholdet

Engang i mellem er parforholdet ikke helt optimalt. Det er måske blevet lidt kedeligt, stemningen lidt anspændt, kærligheden er gået tabt i rutiner. Og når parforholdet ikke er godt, er rygraden i hjemmet ikke intakt. Hvis det er store, alvorlige uoverensstemmelser, svigt og anden ballade, er den her øvelse ikke nok.

Men handler det blot om, at I har glem hinanden i en periode, kan denne lille øvelse, måske være med til at gøre en forskel.

Tag 3 stykker A4-papir og sæt dig godt til rette et behageligt, uforstyrret sted.
Luk øjnene og vend opmærksomheden indad. Scan kroppen og flyt opmærksomheden derhen, hvor du mærker dig selv mest lige nu. Giv slip på eventuelle spændinger og lad tanker og følelser være.

Når du er klar vender du langsomt tilbage til rummet.

Start med at tænke på din kæreste, og bemærk hvilke ord, der dukker op.

På det ene ark papir skriver du de ord, der kommer til dig, når du tænker på din kæreste, som den han er i dag og i den rolle, han udfylder i jeres liv. Vær spontan og accepter de ord, der kommer til dig. Også selvom de ikke er kærlige…

Når du er færdig, lægger du papiret væk, trækker vejret dybt et par gange, og gør dig klar til at gå videre med opgaven.

Tænk nu på din kæreste med den allerstørste kærlighed. Tænk på ham som dengang, du var nyforelsket. Tænk på ham som manden i dit liv og som ham du elsker, og skriv nu de ord, der kommer til dig på det andet stykke papir.

Vær spontan og vær ærlig! Det er dine private notater, som du ikke behøver at dele med nogen – derfor kan du være meget ærlig.
Der kan komme ord, som også figurerer på det første ark – det er ok!

Kig nu på de to stykker papir, og bemærk hvilket komplet billede, du får af din kæreste.
Beskriv dette billede på det 3. stykke papir.

Tænk på, og skriv ned, hvad du kan gøre for at HUSKE at have det komplette billede af din kæreste på din nethinde, når du kigger på ham. Din måde at kigge på ham på, vil påvirke din adfærd, og din adfærd vil påvirke hans adfærd!

Puf til parforholdet – egne noter

7 ord, der giver et kærligt billede af min kæreste

-
-
-
-
-
-
-

Ord, der hjælper mig til at fastholde det kærlige billede af min kæreste på mn nethinde

-
-
-
-
-
-
-

Dette ord vil jeg forsøge altid at huske på, når jeg kigger på min kæreste

____

Værdifulde værdier

Værdier er det, der er vigtigt for os og, bevidst eller ubevidst, styrer vores valg i livet, så hvis du oplever at livet ikke er helt, som du ønsker dig, kan det være tid til at opdatere dine værdier, så de er mere i overensstemmelse med det liv, du lever lige nu.

Der er mange tidspunkter i livet, hvor det er hensigtsmæssigt at kigge sine værdier efter i sømmene, og tjekke om de stadig holder. Stress, skilsmisser, når børnene flytter hjemmefra, pensionering, midtlivskriser og andre overgange, hvor vi kan opleve, at den måde vi lever på, ikke føles *helt* rigtig.

Midtlivskriser kan være et tegn på, at det er tid til at gennemgå dine værdier og måske omprioritere dem i overensstemmelse med der, hvor du er nu.

Når man arbejder med sine værdier, kan det hurtigt virke abstrakt og uoverskueligt.

” Hvad er værdier, hvordan vælger jeg de rigtige værdier og hvordan prioriterer jeg dem? ”

Det er vigtigt at holde fast i, at der findes ikke rigtige og forkerte værdier, men der kan være værdier, som i en given situation kan være mere langtidsholdbare end andre.

Man kan arbejde med værdier på forskellige områder af sit liv, job, parforhold, relationer…, og man kan arbejde med livsværdier, som jo så handler om, hvilke værdier, man overordnet ønsker at guide sig efter i livet.

Beslut dig for, hvilket område, du ønsker at arbejde med, og udvælg 7 værdier, som du anser for de vigtigste for dig.

Brug tid på at tænke betydningen af hver værdi. For hver værdi finder du et eksempel fra dit liv, hvor den værdi har eller har haft betydning.

Eksempler på værdier

1. frihed
2. penge
3. ro
4. familie
5. leg og glæde
6. tryghed
7. venner

Prioriter nu værdierne op imod hinanden. Start med at vægte den første op imod alle de nedenstående:

”hvad er vigtigst frihed eller penge? ”.

Sæt et kryds ud for den værdi, der forekommer vigtigst, og som du, i valget mellem de to, ikke kan undvære – hvis du skulle vælge, og det skal du i denne øvelse – får et kryds.

Fortsæt med den næste værdi

”hvad er vigtigst frihed eller ro?”

Og sæt kryds ud for den du vælger af de to. Og så videre.

Når du har vægtet den første værdi (frihed) op imod de nedenstående, tager du den næste i rækken (penge) og vægter den op imod de nedenstående værdier (altså ikke frihed, den har du arbejdet med)

"Hvad er vigtigst penge eller ro, penge eller venner osv."
og sætter et kryds ud for den værdi der er vigtigst af de to,

Eksempler på værdier med krydser

1. frihed xxx
2. penge xxx
3. ro xx
4. familie xxxxxx
5. leg og glæde xxx
6. tryghed
7. venner xxxx

Har nogle værdier opnået lige mange krydser til slut, vægter du nu endelig disse op imod hinanden igen, og foretager den endelige prioritering.

Værdier ændrer sig livet igennem, og derfor er denne lille øvelse god at lave med et par års mellemrum.

Værdifulde værdier – egne noter

7 værdier, der er vigtige for mig (sæt kryds)

- ______________________________
- ______________________________
- ______________________________
- ______________________________
- ______________________________
- ______________________________
- ______________________________

Værdifulde værdier – egne noter (fortsat)

Min endelige værdi prioritering

-
-
-
-
-
-
-

Centrering - en øvelse i at ”komme hjem til sig selv”

Centreringsøvelsen er en kort og enkel meditationsøvelse, som er nem at passe ind i hverdagen. Har du ikke tid til at sætte dig ned og meditere i længere tid, kan du med fordel lave centreringsøvelsen og give den netop den tid, du har.

Når du har rutine i øvelsen, er den speciel god, når du skifter fra én situation til en anden. Hverdagen er ofte præget af mange skift, mange går fra møde til møde, fra job til hente-børn, hjem, aftensmad, lektielæsning, sport…

Mellem dine skift kan du lave denne lille øvelse – fokuser på åndedræt, fødder hænder og centrum, og hold fokus på det i en tid – og kom herefter tilbage til dét, du skal videre med. Øvelsen kan laves mellem to møder eller i bilen inden du henter børn. God fornøjelse ☺

Start med at sidde godt. Mærk efter, om du har den rette støtte i lænden og ryggen og mærk efter, om hovedet hviler på skuldrene. Mærk efter, om der er noget, der strammer, og om luften kan flyde frit helt ned i det nederste af maven.

Fokuser nu med din bevidsthed på din vejrtrækning. Mærk, hvordan dit bryst og din mave hæver og sænker sig ved hver vejrtrækning. Mærk, hvordan luften bevæger sig, gennem dine næsebor, når du trækker vejret ind og ud gennem næsen. Sid et par minutter med fokus på din vejrtrækning, giv slip på den og lad den flyde frit og af sig selv.

Lad din opmærksomhed flytte sig derhen, hvor den går hen af sig selv, og fra dette punkt mærker du hele kroppen, og på hvordan du mærker din krop. Sid et øjeblik og fokuser på, hvordan du har det i din krop, lige nu.

Husk! Kommer der tanker eller er det andet, der undervejs forstyrrer din meditation, og bringer dig væk fra nærværet, kan du altid rette fokus mod dit åndedræt. Sid med fokus på dit åndedræt i en tid og gå derefter tilbage til, hvor du slap. Når du har fokus på dit åndedræt, er du nærværende og i nuet.

Flyt fokus mod dine fødder, og sid en tid og mærk dine fødder og gulvet under dine fødder. Hav opmærksomheden på, hvordan du mærker dine fødder. Mærk dem indefra og ud mod huden, mærk tæerne, fodsålerne, hælene, overfladen af foden, og vristen – mærk hele foden.

Flyt nu opmærksomheden mod dine hænder – mærk dine hænder indefra og ud mod huden. Mærk dine fingre, dine håndflader, håndryggen og mærk hele hånden. Hav opmærksomheden inde i hånden og på, hvordan du mærker din hånd. Sid en tid og mærk dine hænder – indefra.

Ret fokus mod dit centrum – dét du oplever som dit centrum. Det kan være dit hjerte/bryst område, det kan være dit solar plexus eller et andet sted. Hav opmærksomheden på dette område, og sid en tid og oplev dig selv fra dette sted.

Mærk nu alle 4 områder på én gang – fødder, hænder, dit center, og dit åndedræt – sid og vær med dette i den tid, der skal til.

Når du er klar, flytter du roligt og i dit eget tempo opmærksomheden ud mod rummet omkring dig. Du fokuserer på din vejrtrækning, og åbner stille øjnene. Sid lidt og mærk rummet, inden du fortsætter dagens rutiner.

Centreringsøvelse – egne noter

Situationer i min hverdag, hvor centreringsøvelsen er nyttig

-
-
-
-
-

Centreringsøvelse – egne noter (fortsat)

Centreringsøvelsen giver mig mere

Energi
Ro
Overblik
Glæde
Tid
Overblik
Rummelighed

Find selv på flere……

Afslutning

Jeg håber, at de enkle råd og gode vaner, som du har udforsket gennem denne lille bog, vil hjælpe dig på din rejse mod et mere tilfredsstillende og balanceret liv.

Fra vigtigheden af at tage beslutningen om forandring til at værdsætte livets små øjeblikke, har vi gennemgået en række strategier og øvelser, der kan støtte dig i at finde ro, styrke og glæde.

Du har læst om betydningen af bevægelse, søvn og selvomsorg og om, hvordan værdifulde værdier og parforhold kan være fundamentet for et meningsfuldt liv.

Uanset hvor du befinder dig på din rejse, er det vigtigt at huske, at hver lille handling tæller.

Tag dig tid til at reflektere over de enkle råd, der har givet mening for dig, og implementer dem i din hverdag. Smil, slap af, og husk, at det er okay at tage en langsom tur gennem livet.

Tak for at læse med - vi ses i de kommende kapitler af din livsrejse.

Har du lyst til at fortælle om en oplevelse eller blot skrive en kommentar til mig, er du meget velkommen på **info@henriettehagild.dk**

Du kan også læse mere om terapi og personlig udvikling på **www.henriettehagild.dk**

Læs mere:

Williams, Teasdale, Segal, Kabat-Zinn: Bevidst nærvær
Byron Katie: Elsk det som er
Bjarne Toftegaard: Praktisk Stresshåndtering
Irwin Yalom: Eksistentiel psykoterapi
Gail Sheehy: Overgange
Krishnamurti: Frihed i Nuet
Brenée Brown: Daring Greatly
Lars J. Sørensen: Skam – medfødt og tillært

www.HenrietteHagild.dk